Rubem Alves
essencial

**300
PÍLULAS DE
SABEDORIA** PAIDÓS

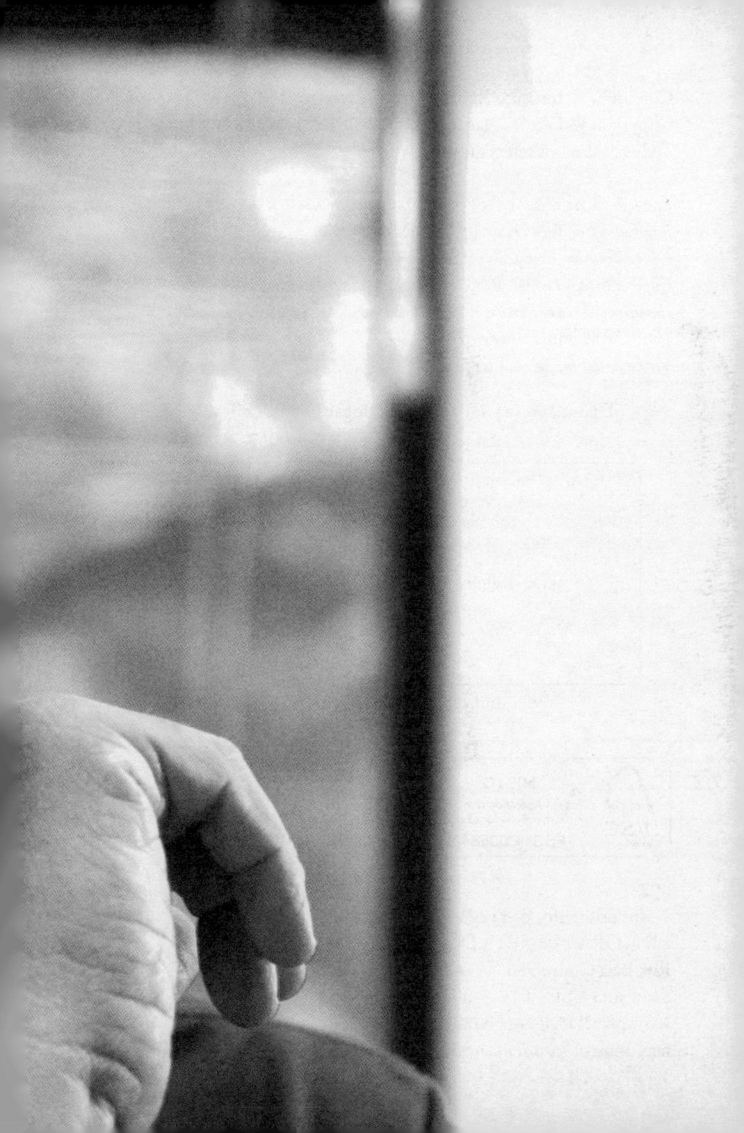

Copyright © Instituto Rubem Alves, 2015
Copyright © Editora Planeta do Brasil, 2016, 2022, 2024
Todos os direitos reservados.

Preparação de texto: Luiz Pereira
Revisão: Luciana Paixão e Wélida Muniz
Diagramação: 2 estúdio gráfico e Anna Yue
Capa: Filipa Damião Pinto (@filipa_) | Estúdio Foresti Design
Ilustração de capa: Jan van Kessel. *Butterfly.* Insects and Fruits (1660–1665). Rijksmuseum/rawpixel.
Vinhetas do miolo: © Freepik

Dados Internacionais de Catalogação na Publicação (CIP)
Angélica Ilacqua CRB-8/7057

> Alves, Rubem
> Rubem Alves essencial : 300 pílulas de sabedoria / Rubem Alves. – 3. ed. - São Paulo : Planeta do Brasil, 2024.
> 320 p.
>
> ISBN 978-85-422-2755-0
>
> 1. Mensagens 2. Afirmações I. Título

24-2228　　　　　　　　　　　　　　　　　　　　　　CDD B869.98

Índice para catálogo sistemático:
1. Mensagens

MISTO
Papel | Apoiando o manejo florestal responsável
FSC® C005648

Ao escolher este livro, você está apoiando o manejo responsável das florestas do mundo

Acreditamos nos livros

2024
Todos os direitos desta edição reservados à
EDITORA PLANETA DO BRASIL LTDA.
Rua Bela Cintra 986, 4º andar – Consolação
São Paulo – SP – 01415-002
www.planetadelivros.com.br
faleconosco@editoraplaneta.com.br

Este livro foi composto em Warnock e impresso pela Gráfica Santa Marta para a Editora Planeta do Brasil em junho de 2024.

INTRODUÇÃO

Rubem Alves teve um caso de amor com a vida. E assim posso afirmar, pois tudo aos seus olhos era fascinante. A vida lhe era um enorme brinquedo, fruto do Misterioso Sagrado. E como seu olhar era sempre despertado, sua alma ficou plena, cheia de vida. Não cabia mais em si. Era preciso comunicar – e as palavras ficaram suas amigas. Meu pai foi contaminado pela beleza do nosso mundo. Por isso trilhou sua trajetória de forma ampla, caminhando entre a Teologia, a Psicanálise, a Educação, a Filosofia e a Literatura; e com isso se consagrou um dos intelectuais mais importantes do Brasil. Suas palavras trazem para nós o que vivia escondido na sua alma. Esta coletânea de 300 pensamentos, feita pelo Instituto Rubem Alves em parceria com a Editora Planeta, traz de forma profunda e sensível muita sabedoria. São sementes de pensamento.

Desejo que você, leitor, com o despertar desses pensamentos, também tenha um caso de amor com a sua vida.

Raquel Alves

"Antigamente" é um tempo que se foi,
mas que se recusa a ir de vez
e fica dentro da gente, atormentando
o coração com saudade.

A esperança
é uma droga alucinógena.

A alma é uma borboleta.
Há um instante em que uma voz nos diz
que chegou o momento
de uma grande metamorfose...

As palavras só têm sentido
se nos ajudam a ver o mundo melhor.
Aprendemos palavras para
melhorar os olhos.

"Eu sei que vou te amar,
por toda a minha vida eu vou te amar..."
Lindo e mentiroso.
Não se podem prometer sentimentos.
Eles não dependem da nossa vontade.
Sua existência é efêmera.
Como o voo dos pássaros...

"Formatura": formar é colocar
na forma, fechar. Um ser humano
formado é um ser humano fechado,
emburricado. Educar é abrir.
Educar é desformar.
Uma festa de "desformatura".

"Idoso" é palavra que a gente encontra em guichês de supermercado e de bancos [...]. Recuso-me a ser definido por supermercados e bancos.
"Velho", ao contrário,
é palavra poética, literária.
Já imaginaram se Hemingway
tivesse dado a seu livro o título de
O idoso e o mar?

Não é bastante ter ouvidos
para ouvir o que é dito.
É preciso também
que haja silêncio dentro da alma.
Daí a dificuldade...

Nossa incapacidade de ouvir
é a manifestação mais constante e sutil
da nossa arrogância e vaidade.
No fundo, somos os mais bonitos...

O olho só é olho se for transparente.
E Deus se dá transparente e invisível.
Através dele vemos a vida
com novos olhos. E ele se dá a nós por
tudo que nos faz ver.

Pode ser que as pessoas descubram
no fascínio do conhecimento
uma boa razão para viver,
se elas forem sábias o bastante para isso
e puderem suportar a convivência
com o erro, o não saber e, sobretudo,
se não morrer nelas o permanente
encanto com o mistério do universo.

Quem tenta ajudar uma borboleta
a sair do casulo a mata.
Quem tenta ajudar um broto
a sair da semente o destrói.
Há certas coisas
que não podem ser ajudadas.
Tem que acontecer
de dentro para fora.

Todo mundo gostaria
de se mudar para um lugar mágico.
Mas são poucos
os que têm coragem de tentar.

Aprenda a gostar, mas gostar mesmo,
das coisas que deve fazer
e das pessoas que o cercam.
Em pouco tempo descobrirá
que a vida é muito boa, e que você
é uma pessoa querida por todos.

A "história" é criatura do tempo.
As "estórias" são
emissárias da eternidade.

Sempre vejo anunciados cursos de oratória. Nunca vi anunciado curso de escutatória.
Todo mundo quer aprender a falar. Ninguém quer aprender a ouvir.
Pensei em oferecer um curso de "escutatória". Mas acho que ninguém vai se matricular.

Uma carta de amor é um papel
que liga duas solidões.

O mundo entra na alma quando
ela está vazia de pensamentos.
E assim somos invadidos por sua dança,
sua simetria, sua beleza, sua melodia.
Seja bem-vindo, seja invadido!

A arte não suporta o efêmero.
Ela é uma luta contra a morte.

A alma não se alimenta de verdades.
Ela se alimenta de fantasias.

A alma nada ouve da melodia
do Grande Mistério porque está
chafurdada na confusão dos desejos
e na confusão da vida. Quanto mais
ávidos do milagre, mais longe de Deus.

A beleza é a face visível de Deus.

A felicidade é um dom que deve
ser simplesmente gozado. Ela se basta.
Mas ela não cria. Não produz pérolas.
São os que sofrem que produzem
a beleza para parar de sofrer.
Esses são os artistas.

A beleza não elimina a tragédia,
mas a torna suportável.

A celebração de mais um ano de vida
é a celebração de um desfazer,
um tempo que deixou de ser, não mais
existe. Fósforo que foi riscado.
Nunca mais acenderá.

A cigarra subterrânea começou
a sonhar sonhos de ar livre e voos.
Saiu da terra. Sua casca não era mais
capaz de suportar a vida que crescia
dentro dela. Arrebentou.
E dela surgiu outro ser, alado,
pneumático. Nós, seres humanos,
somos como as cigarras. Só que nossas
cascas são feitas com palavras.

A honestidade dos estúpidos é mil vezes mais perigosa que a mentira dos inteligentes. É da honestidade dos estúpidos que surgem os fanáticos. Os fanáticos são pessoas honestas que acreditam nos seus pensamentos e nada os dissuade de seu caminho.
E, porque acreditam na verdade dos seus pensamentos, tudo fazem para destruir aqueles que têm ideias diferentes.

A ideia de que a medicina
é uma luta contra a morte está errada.
A medicina é uma luta pela vida boa,
da qual a morte faz parte.

A linguagem tem a possibilidade
de fazer curtos-circuitos em sistemas
orgânicos intactos. Porque são as
palavras que carregam consigo
as proibições, as exigências e
expectativas. E é por isso que as pessoas
não são um organismo, mas este
complexo linguístico a que se dá o nome
de personalidade.

A morte deveria ser como os últimos
compassos de uma sonata:
belos e tristes, até que venha o silêncio.

A paixão é emoção gratuita.
Não há causas que a expliquem.
Mas, quando acontece, ela age
como uma artista: da paixão surgem
cenas de beleza.

A paixão só se contenta com o eterno.

A precisão dos números marca
o tempo das máquinas e do dinheiro.
O tempo do amor
se marca com o corpo.

A repetição sonambúlica das rezas
tem o efeito terapêutico
de entupir o pensador
com palavras sem sentido.

A saudade é o bolso
onde a alma guarda aquilo que perdeu.

A saudade mistura tudo. A saudade não conhece o tempo. Não sabe o que é antes nem depois. Tudo é presente.

A saudade não deseja ir para a frente.
Ela deseja voltar.

A saudade se parece com a fome.
A fome também é um vazio.
O corpo sabe quando
alguma coisa está faltando.
A fome é a saudade do corpo.
A saudade é a fome da alma.

A segurança é a mãe do tédio.
E no tédio as serpentes
chocam seus ovos.
Os homens buscam a segurança
para fugir da morte.
Eles não sabem que a segurança
é a morte em vida.

A verdade mora no silêncio que existe
em volta das palavras. Prestar atenção ao
que não foi dito, ler as entrelinhas.
A atenção flutua, toca as palavras
sem ser por elas enfeitiçada.
Cuidado com a sedução da clareza!
Cuidado com o engano do óbvio!

A vida é um quebra-cabeça
com milhares, milhões de peças.
Mas acontece que o quebra-cabeças
da vida não vem acompanhado
de um modelo. [...]
O modelo precisa ser inventado.
E é somente o coração, ajudado
pela inteligência, que pode fazer isso.

A vida não pode
ser economizada para amanhã.
Ela acontece sempre no presente.

A vida não pode ser medida por
batidas do coração ou ondas elétricas.
Como um instrumento musical,
a vida só vale a pena ser vivida
enquanto o corpo for capaz
de produzir música, ainda que seja
a de um simples sorriso.

Acho que o fruto tentador
só poderia ter sido o caqui.
O caqui inteiro é tentação.
É só olhar pra ele para que ele diga,
vermelho e lascivo: "Me coma, vá...".
E basta relar o dedo na sua carne
para que ele se dispa e seus sucos
vermelhos comecem a escorrer.

Acontece que nós, seres humanos,
sofremos de uma "anomalia":
não conseguimos viver no mundo da
verdade, no mundo como ele é.
O mundo, como ele é, é muito pequeno
para o nosso amor.

Adultos, continuam vivos em nós
os mesmos impulsos que levam
as crianças a aprender.
A menos que os matemos.

Ah! Como as entrelinhas
são importantes!
É nelas que estão escritas as coisas
que só a alma pode entender.

Alma não come pão. Alma come beleza.
O pão engorda, faz o corpo ficar pesado.
A beleza, ao contrário, faz a gente
ficar cada vez mais leve.
Não é raro que os comedores
de beleza se tornem criaturas aladas e
desapareçam no azul do céu [...].
A beleza é coisa da leveza.

Amar é brincar. Não leva a nada.
Não é para levar a nada.
Quem brinca já chegou.
Fazer amor com um homem
ou uma mulher é brincar com seu
próprio corpo. Cada amante
é um brinquedo brincante.

Amar é ter um pássaro pousado
no dedo. Quem tem um pássaro
pousado no dedo sabe que,
a qualquer momento, ele pode voar.

Amo o que Jesus falou.
Mas não presto muita atenção naquilo
que os teólogos falaram...

Ao final de nossas longas andanças,
chegamos finalmente ao lugar.
E o vemos então pela primeira vez.
Para isto caminhamos a vida inteira:
para chegar ao lugar de onde partimos.
E, quando chegamos, é surpresa.
É como se nunca o tivéssemos visto.

Aquilo que está escrito no coração
não necessita de agendas,
porque a gente não esquece.
O que a memória ama fica eterno.

As crianças não têm ideias religiosas, mas têm experiências místicas. Experiência mística não diz respeito a seres de um outro mundo. É ver este mundo iluminado pela beleza...

As flores dos flamboyants,
dentro de poucos dias, terão caído.
Assim é a vida.
É preciso viver enquanto a chama
do amor está queimando...

As inquisições não são monopólio das igrejas e não se fazem só com lenha e fogo. É muito difícil viver na universidade e continuar a cultivar os próprios pensamentos. É muito mais seguro ficar moendo os pensamentos dos outros.

As pessoas ajustadas
são indispensáveis para fazer
as máquinas funcionarem.
Mas só as desajustadas
pensam outros mundos.

As razões do poder transformam
crimes em heroísmo.

As rotinas e as repetições têm um curioso efeito sobre o pensamento: o paralisam. A nossa estupidez e a nossa preguiça nos levam a acreditar que aquilo que sempre foi feito de um certo jeito deve ser o jeito certo de fazer.

Buscamos no outro não a sabedoria
do conselho, mas o silêncio da escuta;
não a solidez do músculo, mas
o colo que acolhe.

Com que frequência
o sono da inteligência dos alunos
é apenas uma consequência da
impotência amorosa do professor!

Comunhão é quando
a beleza do outro e a beleza da gente
se juntam num contraponto...

De repente senti
uma gratidão inesperada
pelos meus professores medíocres.
Os bons professores, eu os acompanhava
encantado. Surfava nas suas ideias.
Mas os professores medíocres me
irritavam tanto que eu me vi forçado
a pensar minhas próprias ideias.

Criança não é *meio* para
se chegar ao adulto.
Criança é *fim*,
o lugar onde todo adulto
deve chegar.

Consulte sempre um advogado.
Você tem direitos.
Consulte sempre um psicanalista.
Você tem avessos...

Dentro de mim mora um palhaço
e um poeta: riso e beleza.
Se eu não fosse escritor, acho que seria
jardineiro. No paraíso,
Deus não construiu altares e catedrais:
plantou um jardim.
Deus é um jardineiro. Por isso
plantar jardins é a mais alta forma
de espiritualidade.

Desejo que meus leitores,
ao lerem meus textos, fiquem
com olhos semelhantes aos meus.
Assim, eles verão o mundo da forma
como eu o vejo – e as palavras se
tornarão, então, desnecessárias.

Deus é alegria. Uma criança é alegria.
Deus e uma criança têm isto em comum:
ambos sabem que o universo é uma
caixa de brinquedos. Deus vê
o mundo com os olhos de uma criança.
Está sempre à procura
de companheiros para brincar.

Deus é o mistério sobre o qual nada se pode falar. Ele está além da palavra. O que temos é um horizonte inominável. Idolatria é pretender capturar o inominável
numa gaiola de palavras para, assim, dominá-lo, torná-lo previsível.

Deus é uma suspeita do nosso coração
de que o universo tem um coração
que pulsa como o nosso.

Deus existe para tranquilizar a saudade.

Deus mora no mundo das coisas
que não existem, o mundo da saudade,
da nostalgia. Os deuses que moram
no mundo das coisas que existem
não são deuses. São ídolos.

Deus não é um objeto de pensamento.
É objeto de degustação. Provai e vede
que Deus tem gosto bom...

Deus nos criou para a Beleza.
E foi por isso que nos encheu de Amor.
Para que dela não nos esquecêssemos.

Deus nos deu as asas do pensamento
para voar. Os homens nos deram
as gaiolas da religião.

O futuro existe? Pode existir. Não sei como vai ser, mas pela fantasia ele se torna presente. E é justamente aí que surge a esperança.

Deus se encontra no espaço misterioso
e invisível da relação.

Dizer que um lugar é santo, que ali o sagrado está mais presente do que em outros, é dizer que há lugares em que Deus está menos presente, como se ele os tivesse abandonado. E isso, a se acreditar nos teólogos, é negar a onipresença de Deus – o que é heresia.

É difícil viver num mundo em que
a tragédia e o banal aparecem juntos,
na mesma tela. O certo é chorar ou rir?
Ou tudo será uma farsa?

É isto que amamos nos outros:
o lugar vazio que eles abrem para que
ali cresçam as nossas fantasias.

E no meio do inverno descobri
que dentro de mim havia um verão
invencível...

Assim é o adolescente: ele quer o risco.
Mas diferentemente do alpinista
e do navegador, ele acha que
nada pode lhe ocorrer.

Ensinar é um exercício de imortalidade.
De alguma forma, continuamos a viver
naqueles cujos olhos aprenderam
a ver o mundo pela magia da nossa
palavra. O professor, assim,
não morre jamais...

Era prazer? Era. Mas era mais
que prazer. Era alegria. A diferença?
O prazer só existe no momento.
A alegria é aquilo que existe
só pela lembrança. O prazer é único,
não se repete. Mas a alegria se repete
sempre. Basta lembrar.

Esse é um costume curioso
dos seres humanos: acreditam em tudo
o que é sempre repetido por todos,
ainda que seja uma asnice.

A liberdade do voo
é uma dádiva da disciplina.

Eu quero desaprender para aprender de novo. Raspar as tintas com que me pintaram. Desencaixotar emoções, recuperar sentidos.

Eu sou muitos!

Eu te abraço
para abraçar o que me falta.

Há muito tempo não me faço essa pergunta, se tenho esperança de que as coisas deem certo. Encontro minha alegria em realizar a semeadura.
O ato de semear, em si, é um ato de alegria. Isso me basta.

Foi assim que a escola me ajudou: forçando-me a pensar ao contrário dos meus próprios pensamentos.

O amor não tem porquê.
Ele ama porque ama...

Há muitas pessoas de visão
perfeita que nada veem...
O ato de ver não é coisa natural.
Precisa ser aprendido!

Para pensar sobre Deus não leio os teólogos, leio os poetas.

Há uma hora em que o corpo e a alma
desejam partir. Não se deve impedi-los,
se assim desejarem, por meio da força.
Ainda que seja a força médica.
Fazer isso seria uma crueldade
que não se pode admitir.

Há uma morte que acontece
antes da morte. Quando se conclui
que não há mais razões para viver.
Quando morrem as razões para viver,
entram em cena as razões para morrer.

Infinitamente belo,
insuportavelmente efêmero.

Levou tempo para que eu percebesse
que quem presta muita
atenção no que é dito não consegue
escutar o essencial. O essencial se
encontra fora das palavras...

Literatura é uma vocação bela e fraca. O escritor tem amor, mas não tem poder. Mas o político tem. Um político por vocação é um poeta forte: ele tem o poder de transformar poemas sobre jardins em jardins de verdade.

Livros: quanto mais, melhor.
É tão verdadeiro quanto comida:
quanto mais, melhor.
Comida ingerida em grandes
quantidades não produz musculatura,
produz obesidade.
Eruditos, com frequência,
são obesos de espírito.

Lutam melhor aqueles
que têm sonhos belos.
Somente aqueles que contemplam
a beleza são capazes de endurecer
sem nunca perder a ternura.
Guerreiros ternos. Guerreiros que
leem poesias. Guerreiros que
brincam como criança.

Mas é preciso escolher.
Porque o tempo foge.
Não há tempo para tudo. [...]
É necessário aprender a arte de
"abrir mão" – a fim de
nos dedicarmos àquilo que é essencial.

Mas nós somos como as lagartixas que perdem o rabo: logo um rabo novo cresce no lugar do velho. Assim é com a gente: logo a vida volta à normalidade e estamos prontos a amar de novo. A saudade doída passa a ser só uma dorzinha gostosa.

Milho de pipoca que não passa pelo fogo continua a ser milho de pipoca, para sempre. Assim acontece com a gente. As grandes transformações acontecem quando passamos pelo fogo. Quem não passa pelo fogo, fica do mesmo jeito a vida inteira.

Minha alma é um quarto onde os objetos mais estranhos estão colocados, um ao lado do outro, sem ordem, sem nenhuma intenção de fazer sentido.

Muita palavra sonora serve para
disfarçar a ignorância.

Muito mais cedo do que se imagina,
os filhos crescerão e baterão asas.
Já não nos darão ouvidos.
Já não serão nossos.
No curto tempo da infância há
apenas uma coisa a ser feita:
viver com eles, viver gostoso com eles.

Muitos casais que se odeiam
não se separam por não poderem
suportar a ideia
da liberdade feliz do outro.

Na Declaração Universal dos Direitos
Humanos falta um direito:
"Todos os seres humanos têm o direito
de morrer sem dor".

Na literatura, frequentemente o curto é muito maior que o comprido. Há poemas que contêm um universo.

Na saudade descobrimos que pedaços de nós já ficaram para trás. E descobrimos, na saudade, uma coisa estranha: desejamos encontrar, no futuro, aquilo que já experimentamos como alegria, no passado. Só podemos amar o que um dia já tivemos.

Na verdade, o intelecto puro odeia
a repetição. Está sempre atrás
de novidades. Uma vez de posse de um
determinado conhecimento, ele não o
fica repassando e repassando. "Já sei", ele
diz, e prossegue para coisas diferentes.

Na verdade, pouco importa o que digo e escrevo. O que importa são as palavras que se dizem, vindas das funduras de quem lê.

Não basta o silêncio de fora.
É preciso silêncio dentro. Ausência de
pensamentos. E aí, quando se faz
o silêncio dentro, a gente começa a ouvir
coisas que não ouvia. [...]
Talvez, esta seja a essência da
experiência religiosa: quando
ficamos mudos, sem fala.

Não conheço caso de partido
no poder que tenha invocado
princípios éticos para colocar limites
ao uso de seu poder. Transparência!
Que lindo princípio ético! Somente
um louco seria transparente!
Ser transparente é ser vulnerável.

Não é possível treinar educadores.
Educadores não se fazem.
Educadores nascem. Por oposição
aos professores, seres do dever,
os educadores são seres do amor.

Não existe amor que sobreviva só de sentimentos, sem a conversa mansa.

Não gosto de conclusões.
Conclusões são chaves que fecham.
Quando o pensamento aparece
assassinado, pode-se ter a certeza
de que o criminoso foi uma conclusão.

A despeito de toda nossa loucura, os ipês continuam fiéis à sua vocação de beleza e nos esperarão tranquilos. Ainda haverá de vir um tempo em que os homens e a natureza conviverão em harmonia.

Cartas de amor são escritas não para dar notícias, não para contar nada, mas para que mãos separadas se toquem ao tocarem a mesma folha de papel.

Não cheguei aonde planejei ir. Cheguei, sem querer, aonde meu coração queria chegar, sem que eu o soubesse.

Não tenho problemas com Deus.
Mas tenho muitos problemas
com aquilo que os homens pensam
sobre Deus.

Não vejo a minha córnea. Vejo através
dela. Quem vê a própria córnea é
cego. Deus é como a córnea: uma
transparência invisível que
nos permite ver. Quem diz que
vê Deus é cego de Deus.

Nietzsche escreveu em algum lugar que o segredo da criatividade – ou quem sabe da juventude – é construir uma casa na base de um vulcão.
Pra gente nunca dormir descansado.
Viver perigosamente.

Nós não vemos o que vemos,
nós vemos o que somos.
Só veem as belezas do mundo aqueles
que têm belezas dentro de si.

Nos seis primeiros dias da Criação,
Deus criou a Feira das Utilidades.
Usou o trabalho como atividade
penúltima. No sábado, Deus criou
a Feira da Fruição, o brinquedo,
como atividade última.
Quando a obra da criação terminou,
o Deus trabalhador se transformou
no Deus brincante, criança.

O amor prefere a luz das velas.
Talvez porque seja isto tudo o que
desejamos da pessoa amada:
que ela seja uma luz suave que nos ajude
a suportar o terror da noite.

O amor vive neste sutil fio de
conversação, balançando-se entre
a boca e o ouvido.

O caminho da verdade exige um esquecimento: é preciso esquecer-se do aprendido, a fim de se poder lembrar daquilo que o conhecimento enterrou.

O corpo humano se alimenta também
de ausências...

O desejo de liberdade é mais forte que a paixão. Pássaro, eu não amaria quem me cortasse as asas. Barco, eu não amaria quem me amarrasse no cais.

O desejo que move os poetas
não é ensinar, esclarecer, interpretar.
O desejo que move os poetas é fazer
soar de novo a melodia esquecida.

O ego consciente tricota pulôveres de
palavras e lhes dá o nome de verdade.
O corpo tece tapetes de palavras
e lhes dá o nome de beleza.

O escritor não escreve com intenções didático-pedagógicas. Ele escreve para produzir prazer. Para fazer amor. Escrever e ler são formas de fazer amor. É por isso que os amores pobres em literatura ou são de vida curta ou são de vida longa e tediosa.

O espanto mora no inventado.
Os fatos verdadeiros só servem para
neles se amarrar a fantasia, feito prego
pra se pendurar um quadro.
O prego ninguém vê.

O esquecimento, frequentemente,
é uma graça. Muito mais difícil que
lembrar é esquecer!

O fruto proibido tinha de ser um fruto de potência sedutora máxima. O que não é o caso da maçã. A maçã é fruta pudica. Não se despe por vontade própria. Só tira a roupa sob a violência da ponta da faca.

O fundamentalismo se revela na linguagem. Ela não tem reticências nem pontos de interrogação. Só pontos finais e pontos de exclamação. Com ela não se pode escrever poemas. Porque os poemas vivem dos silêncios que há nos interstícios das palavras.

A pessoa que inventou o alfabeto era analfabeta. O primeiro filósofo que começou a filosofar não tinha atrás de si uma bibliografia filosófica. Excesso de informações perturba o pensamento.

O ideal da ética na política não pode ser realizado. Somente os fracos invocam os argumentos éticos. Porque eles são a única arma de que dispõem.

O nenezinho tudo ignora;
para ele, o mundo se reduz a um único
objeto mágico: o seio de sua mãe.
Nasce daí a primeira filosofia,
resumo de todas as outras:
o mundo é para ser comido.

O objetivo da educação é aumentar as possibilidades de prazer e alegria.

O olho vê aquilo que o coração deseja.
Quando o desejo é belo, o mundo fica
cheio de luz, mas quando o desejo é
ruim, o mundo se entristece...

O ouvido é passivo, vazio que espera
e acolhe, que permite ser penetrado.
A fala é ativa, algo que cresce e
penetra nos vazios da alma.

O perigo dos livros! Os pensamentos escritos em livros parecem ser sempre mais importantes que os pensamentos que pensamos na cabeça. Aí terminamos por não levar a sério nossos pensamentos e, finalmente, a perder a alegria de pensar.

O problema com os aprendizes
é que eles pensam que literatura
se faz com coisas importantes.
O que torna a conchinha importante
não é o seu tamanho, mas o fato de que
alguém a cata da areia e a mostra para
quem não a viu: "Veja...".
Literatura é mostrar conchinhas.

O professor ensina a anatomia do
mundo. O educador ensina a erótica do
mundo. O educador quer acordar
a anatomia erótica do corpo:
"o máximo de sabor possível".

O que dá prazer e desprazer
não são as coisas, mas as palavras
que nelas moram.

O que é mais importante, saber as respostas ou saber fazer as perguntas?

O segredo da comunicação é a poesia.
Porque poesia é precisamente isto:
o uso das palavras para produzir música.
Pianista usa piano, violeiro usa viola,
flautista usa flauta... o poeta
usa a palavra.

O silêncio é parte do meu espaço.
Qualquer ruído que o perturbe é uma
invasão da minha casa, uma agressão
ao meu corpo.

O sonho de todo homem é ter o seu
pênis sob o controle da razão.
Mas o pênis ignora as ordens da razão.
Ele tem ideias próprias.
Nunca se sabe que ideia ele vai ter.

O tempo é uma taça vazia que
pode ser cheia de vida.

O tempo pode ser medido com as batidas de um relógio ou pode ser medido com as batidas do coração.

O universo é um milagre. Mas aqueles que vendo, nada veem, procuram milagres em lugares esquisitos.

Onde foi que a mãe aprendeu a ensinar
o filho a andar? Em lugar algum.
A arte de ensinar a andar, sem saber
ela já sabia. O corpo sabe sem precisar
pensar. O corpo é sábio. O corpo é
educador por graça, de nascimento.
Não precisa de aulas de pedagogia.

Oração é a saudade
transformada em poema.

Orações e poemas são a mesma coisa: palavras que se pronunciam a partir do silêncio, pedindo que o silêncio nos fale.

Os cozinheiros que não levam a sério a importância do prazer na comida que servem perdem logo o emprego. Infelizmente, o mesmo não acontece com os professores e os filósofos.

Os homens perderam o Paraíso
quando deixaram de ser
crianças brincantes e se tornaram
adultos trabalhantes.
As escolas existem para transformar as
crianças que brincam
em adultos que trabalham.

Os que bebem juntos da mesma fonte de
tristeza descobrem, surpresos,
que a tristeza partilhada se transmuta
em comunhão.

Os velhos falam como quem planta
sementes de árvores a cuja sombra
nunca se assentarão.

Ostra feliz não faz pérola.

A única coisa que se pode fazer para se ter boas ideias é não tentar ter boas ideias. As boas ideias fogem de alçapões teóricos e metodológicos.

Para isto existem as escolas: não para ensinar as respostas, mas para ensinar as perguntas. As respostas nos permitem andar sobre a terra firme. Mas somente as perguntas nos permitem entrar pelo mar desconhecido.

Pássaros engaiolados pensam em gaiolas. Pássaros livres pensam no azul infinito. Eu e os pássaros temos sonhos comuns. Sonhamos com voo e com a imensidão do céu azul.

Pensei que assim é o poeta:
poça de lama onde o céu se reflete.

Penso que borboletas, seres alados, diáfanos e coloridos, devem ser emissários dos deuses, anjos que anunciam coisas do amor. Imaginei então que aquela borboleta era um anjo disfarçado que os deuses me enviavam com uma promessa de felicidade.

Permanecemos humanos enquanto existe em nós a esperança da beleza e da alegria. Morta a possibilidade de sentir alegria ou gozar a beleza, o corpo se transforma numa casca de cigarra vazia.

Fé é uma relação de confiança com
Deus: é flutuar num mar de amor,
como se flutua na água.

Pessoas que sabem as soluções já dadas são mendigos permanentes. Pessoas que aprendem a inventar soluções novas são aquelas que abrem portas até então fechadas. A questão não é saber uma solução já dada, mas ser capaz de aprender maneiras novas de sobreviver.

Pode ser que não acreditemos
em deuses, mas bem que desejaríamos
que eles existissem.

Poemas e parábolas são
metáforas que falam sobre os cenários
da alma humana.

Política e guerra são o mesmo jogo.
A diferença está em que, enquanto na política o poder aparece disfarçado pela aparência de paz, na guerra, o poder perde os seus pudores e se apresenta na sua nudez: a violência.

Pôr do sol é metáfora poética, se o sentimos assim é porque sua beleza triste mora em nosso próprio corpo. Somos seres crepusculares.

Pra mim, Deus é isto: a beleza
que se ouve no silêncio.

Prefiro a música do mar e do vento,
porque ela faz eco na minha alma.

Professor que é contratado para dar aulas da sua disciplina e que só dá aulas da sua disciplina, professor que não sonha o grande sonho, que é só funcionário: esse é uma pedra no sapato.

Pura curiosidade: os médicos que aceitam a função de carrascos nas penitenciárias desinfetam o lugar onde a agulha com o líquido letal vai penetrar na veia do condenado?

Sou um construtor de altares.
Construo altares à beira de um abismo
escuro e silencioso. Eu os construo
com poesia e música. Os fogos que
neles acendo iluminam meu rosto e me
aquecem. Mas o abismo permanece
escuro e silencioso.

Quando a gente abre os olhos, abrem-se
as janelas do corpo, e o mundo aparece
refletido dentro da gente.

Quando falamos com uma criança,
as nossas palavras vão gravando saberes
e sentimentos nos vazios do seu corpo.
Educadores são feiticeiros: usam
palavras para completar aquilo que a
gravidez e o parto deixaram
sem conclusão.

Quando jogamos conversa fora,
voltamos a ser crianças: sopramos
bolhas com palavras – bolhas que serão
logo esquecidas.

Quem é movido pela avareza não tem
olhos nem coração para sentir
o sofrimento dos outros, porque esses
lhe são apenas um valor econômico.
A avareza tira a capacidade
de compaixão. E, com isso, nossa
condição de seres humanos.

Quem é possuído pela esperança
fica grávido de futuros.

Quem é rico em sonhos não envelhece nunca. Pode até ser que morra de repente. Mas morrerá em pleno voo...

Quem experimenta a beleza está em comunhão com o sagrado.

Quem pensa demais e fala demais sobre Deus é porque não o está respirando.

Quem perdoa tudo é porque
não se importa com nada.

Quem sabe que o tempo está fugindo
descobre, subitamente, a beleza única
do momento que nunca mais será...

Quem se leva a sério é no fundo um inquisidor. Está só à espera de que a ocasião apareça.

Quero que meus textos sejam comidos. Mais do que isso; quero que sejam comidos com prazer. Um texto que dá prazer é degustado vagarosamente. São esses os que se transformam em carne e sangue, como na eucaristia.

Quero uma teologia que esteja
mais próxima da beleza do que
da verdade, porque da visão da beleza
surgem os amantes, mas com a verdade
se acendem fogueiras.

Resta a luz do crepúsculo, essa mistura dilacerante de beleza e tristeza. Antes que ele comece ao fim do dia, o crepúsculo começa na gente.

Resta quanto tempo? Não sei.
O relógio da vida não tem ponteiros.
Só se ouve o tique-taque...
Só posso dizer *"carpe diem"*:
colha o dia como um morango vermelho
que cresce à beira do abismo.
É o que tento fazer.

Sabedoria é a arte de degustar a vida
como se degusta a comida.

São as reticências que dão vida a uma
conversa: elas são a permissão
e o convite para que o outro diga
o seu pensamento...

Se Deus existe e se Deus é bondade,
não posso crer que Ele ou Ela
nos tenha condenado ao sofrimento
como última frase da nossa sonata.

Se eu parto do pressuposto
de que o autor só diz besteiras,
eu só lerei besteiras – as que estavam
dentro de mim.

Se eu souber onde mora a minha esperança, terei razões para viver e razões para morrer. E a vida ficará bela mesmo no meio das lutas.

Se sua fala não melhorar o silêncio,
é preferível ficar calado,
para que o silêncio seja ouvido.

Será possível, então, um triunfo
no amor? Sim. Mas ele não se encontra
no final do caminho: não na partida,
não na chegada, mas na travessia.

Seremos salvos quando
nos tornarmos crianças: essa é a
essência da sabedoria bíblica.

Simplicidade é isto:
quando o coração busca uma coisa só.

Só existe uma pergunta a ser feita
quando se pretende casar:
"Continuarei a ter prazer em conversar
com esta pessoa daqui a trinta anos?".

Só há uma forma de exorcizar
o demônio da morte: falando
honestamente sobre ele,
chamando-o pelo seu nome.

Só veem as belezas do mundo aqueles que têm belezas dentro de si.

Sociedades se constroem quando as pessoas concordam sobre coisas grandes. A amizade acontece quando as pessoas concordam sobre coisas pequenas.

O sofrimento prepara a alma para a
visão de coisas novas.

Somente nos libertamos do estresse quando compreendemos que ele é um sintoma do domínio da morte sobre a nossa vida.

Somos amantes muito antes de nos encontrarmos com a mulher ou o homem que será objeto de nosso amor. Somos como a criancinha que já ama o seio mesmo antes do primeiro encontro.

Somos as coisas que moram dentro de nós. Por isso, há pessoas tão bonitas, não pela cara, mas pela exuberância de seu mundo interior.

Somos seres humanos, permanecemos humanos enquanto estiver acesa em nós a esperança da alegria. Desfeita a esperança da alegria, a vela se apaga, e a vida perde o sentido.

Sou místico. Ao contrário dos místicos
religiosos, que fecham os olhos para
verem Deus, a Virgem e os anjos,
eu abro bem os meus olhos para ver as
frutas e legumes nas bancas de feira.
Cada fruta é um assombro, um milagre.
Uma cebola é um milagre.

Suspeito que nossas escolas ensinem com muita precisão a ciência de comprar as passagens e arrumar as malas. Mas tenho sérias dúvidas de que elas ensinem os alunos a arte de ver enquanto viajam.

Talvez seja esta a razão por que as pessoas gostam de ter pets: porque nos pets elas projetam uma felicidade que elas mesmas não têm.

Tirar a vida artificialmente seria tão pecaminoso quanto impedir a morte artificialmente – porque se trata de intromissões dos homens na ordem natural das coisas determinadas por Deus.

Toda alma é uma música que se toca.

Toda poesia é um ato de feitiçaria
cujo objetivo é tornar presente e real
aquilo que está ausente
e não tem realidade.

Toda saudade é uma espécie de velhice.
É por isso que os olhos dos velhos vão se
enchendo de ausências.

Toda separação é triste. Ela guarda memória de tempos felizes (ou de tempos que poderiam ter sido felizes...), e nela mora a saudade.

Um livro é um brinquedo feito com letras. Ler é brincar.

Todo jardim começa com uma história de amor: antes que qualquer árvore seja plantada ou um lago construído, é preciso que eles tenham nascido dentro da alma. Quem não planta jardins por dentro, não planta jardins por fora, nem passeia por eles.

Todo poema interpretado literalmente
é ridículo. Toda religião que pretenda
ter conhecimento científico
sobre o mundo é ridícula.

Tristeza é isto: quando o belo e a despedida coincidem.

Tudo que vive é pulsação do sagrado.
As aves dos céus, os lírios dos campos.
Até o mais insignificante grilo
no seu *cri-cri-cri* rítmico,
é uma música do Grande Mistério.

Um aforismo é um relâmpago:
brevíssimo, ilumina os céus.
Por vezes racha rochas.
Muitos cérebros são rochas.

Um céu vazio de animais é um céu
de um Deus que fracassou.

Um Deus que tenha uma câmara
de torturas chamada inferno não merece
meu respeito e muito menos
o meu amor.

Todo conhecimento começa com o sonho. O sonho nada mais é que a aventura pelo mar desconhecido em busca da terra sonhada. Mas sonhar é coisa que não se ensina; brota das profundezas do corpo, como a alegria brota das profundezas da terra.

Um mar que se compreende
não passa de um aquário.

Um rito acontece quando, não bastando as palavras para dizer a beleza, elas se transformam em gestos. O rito é um poema transformado em festa!

Um único momento de beleza e amor
justifica a vida inteira.

Todos os olhos são espelhos
com poder de vida e morte sobre
quem olha lá dentro.

Vejo as pessoas religiosas fecharem os
olhos para orar. Elas creem que,
para se ver Deus, é preciso não ver
o mundo. Elas não sabem que a beleza
da natureza é o espelho onde Deus
se contempla.

Vejo e quero que os outros vejam comigo. Por isso escrevo. Faço fotografias com palavras.

Vocação é diferente de profissão.
Na vocação, a pessoa encontra a
felicidade na própria ação.
Na profissão, o prazer não se encontra
na ação. O prazer está no ganho
que dela se deriva.

Vou ser cremado por não gostar de lugares fechados. As cinzas podem ser soltas ao vento ou colocadas como adubo na raiz de uma árvore. Assim posso virar nuvem ou flor.

O pensamento são as asas que Deus nos deu. Assim, tudo aquilo que proíbe o voo livre do pensamento é contrário ao nosso destino. A questão não é pensar certo ou pensar errado. Afinal, quem sabe o que é certo e o que é errado?

A sabedoria mora dentro da gente.

No outono, a luz fica mais mansa e as
cores desabrocham como flores [...].
O outono é tranquilo, introspectivo,
convida ao recolhimento e à meditação.
É um convite ao pensamento.

Quando eu desfiz 60 anos.
Desfiz: é a forma correta de dizer.
Porque esses 60 são os anos
que não tenho mais. Quantos eu tenho,
só Deus sabe...

Uma pitada de loucura
aumenta o prazer da vida.

O que faz o mundo humano não são as coisas, são as relações.

Para os poetas o mundo
é um espelho de mil faces
em que a alma se contempla.

Somos belos porque dentro de nós há um jardim que, vez por outra, se deixa ver através de nossos gestos.

As asas da alma se chamam coragem.
Coragem não é a ausência do medo.
É lançar-se, a despeito do medo.

Não há nada mais sedutor aos olhos dos homens do que a liberdade de consciência, mas também não há nada mais terrível.

O problema do céu
Deus já resolveu por nós.
Não há nada que tenhamos de fazer.
Resolvido o problema do céu,
estamos livres para cuidar da Terra,
que é o nosso destino.

Não ser obrigado a falar é uma dádiva.

Uma lei não tem poder
para eliminar um desejo.

Sim, quero viver muitos anos mais.
Mas não a qualquer preço.
Quero viver enquanto estiver
acesa em mim a capacidade de me
comover diante da beleza.

Os olhos são a lâmpada do corpo:
quando a luz dos olhos é colorida,
o mundo vira um arco-íris.

Os vestibulares são um dragão devorador de inteligências, cuja sombra se alonga para trás, cobrindo adolescentes e crianças.

Quer dizer que o que eu aprendi fora da escola não vale nada para a escola? Se eu fizer uma pergunta a um professor e ele não souber a resposta, eu posso lhe dar uma nota? Há boletins onde os alunos dão notas para os professores?

A teologia que faço é o avesso
da minha carne. Deus é o meu avesso.

Deus é como ar. Quando a gente está em boas relações com ele, não é preciso falar. Mas, quando a gente está atacado de asma, então é preciso ficar gritando por Deus. Do jeito como o asmático invoca o ar.

Corpo e alma são instrumento musical e música. O corpo é o **hardware**, o instrumento, o violino. E a alma, a música que o violino toca.

Vivo muito bem sem Deus. Mas não consigo viver sem o mistério, sem o sagrado, sem a beleza.

O brilho do sol, no lado de dentro da gente, se chama sonho.

Fé é um morango que se come pendurado num galho à beira do abismo, pelo gosto bom que tem, sem nenhuma promessa de que ele nos fará flutuar.

Não fiquem inquietos por aquilo
que não aconteceu e nem se sabe se
acontecerá. Tratem de cuidar dos males
do amanhã, amanhã.

Nós somos aquilo que amamos.

A beleza tem um efeito embriagante. Quando a alma é tocada por ela, a cabeça não faz perguntas.

São sempre as crianças que fazem as melhores perguntas.

A vida é como uma vela:
para iluminar é preciso queimar.

É irônico: a vida só acontece através do tempo. Mas toda a vida é uma luta para impedir que o tempo passe.

A vida, para ser bela, deve estar cercada de verdade, de bondade, de liberdade. Essas são as coisas pelas quais vale a pena morrer.

Aprendi que a melhor maneira
de afugentar o ridículo
é ser o primeiro a rir.

Felicidade é discreta, silenciosa e frágil, como a bolha de sabão, vai-se muito rápido. Mas sempre
se podem assoprar outras.

O problema de compreender a religião
é idêntico ao problema da compreensão
dos sonhos. A verdade dos sonhos
não é dita de forma direta...

Otimismo é quando, sendo primavera do lado de fora, nasce a primavera do lado de dentro. Esperança é quando, sendo inverno do lado de fora, a despeito dele brilha o sol de verão no lado de dentro.

Quem planta uma árvore
diz não ao deserto.

Somente a razão pretende apreender
o mundo como totalidade. O corpo só
pode lidar com o mundo em pequenos
pedaços. É precisamente por isso
que ele é sábio.

Por vezes a felicidade se faz
com sonhos impossíveis.

Ler pode ser uma fonte de alegria. Pode ser, nem sempre é... Livros são iguais à comida. Há os pratos refinados que começam por dar prazer ao corpo e terminam por dar alegria à alma. E há as gororobas malcozidas, empelotadas, salgadas, engorduradas, que além de produzir vômito e diarreia no corpo, produzem perturbações semelhantes na alma. Assim também são os livros...

Interpretação é bisturi do cérebro
que retalha a palavra. Mas o poema
é palavra mágica que chama a vida que
mora escondida em nós.

Os poetas são religiosos que não precisam de religião: os assombros deste mundo lhes são suficientes.

Boiadeiro usa laços de couro para pegar
vaca em disparada. Psicanalista
usa laços de palavras para pegar
ideias em disparada.

Palavras são coisas perigosas. Elas têm
um poder de engano infinito.

Somos como os moluscos. Frágeis diante
de um mundo imenso e assustador.
Tratamos, então, de nos defender:
construímos conchas duras de palavras.

Só se deve falar quando a sua fala
melhora o silêncio.

Pensar é voar sobre o que não se sabe.

Acender a luz na sombra destrói a sombra. Conviver com a obscuridade é importante.

Os pensamentos que não caminham ficam doentes, à semelhança do corpo que não caminha.

Tolos são aqueles que, seduzidos pela multiplicidade, se entregam vorazmente a ela. Eles acabam tendo uma terrível indigestão... Sábios são aqueles que, da multiplicidade, escolhem o essencial.

Abismos dizem sempre a verdade.

Quem não muda sua maneira adulta de ver e sentir e não se torna como criança jamais será sábio.

Acho que a sabedoria é saber sofrer
pelas razões certas.

Nossos corpos são sonhos encarnados.

A Ciência, coitadinha, tão certinha, tão cheia de pesquisas e de verdades, sabe como levar o ser humano à lua, mas não sabe como fazê-lo amar.

Ciência é conhecimento do mundo.
Sabedoria é conhecimento da vida.

"O povo unido jamais será vencido."
É disso que eu tenho medo.

A impotência enlouquece. A loucura
bem pode ser uma proteção contra a dor
de ver sem nada poder fazer.

Nós, diferentemente dos animais, recusamo-nos a aceitar o veredito dos fatos. E acrescentamos algo a eles, sejam os jardins, as bandeiras, os poemas, as sinfonias, os altares, sejam as utopias... É inútil dizer que os deuses morreram. Se morreram, outros nascerão dentro de nós.

O crime não começa com o dedo que puxa o gatilho. Ele começa naquele que fabrica armas.

A política, entre todas as vocações, é a mais nobre. A política, entre todas as profissões, é a mais vil.

Quem pensa em minutos não tem
paciência para plantar árvores.

O povo não pensa. Somente
os indivíduos pensam.

"Tudo tem seu tempo determinado, e há tempo para todo propósito debaixo do céu", diz o texto sagrado. O amor também tem seus tempos, e ele muda como mudam as estações.

SOBRE O AUTOR

Rubem Alves (1933-2014) foi um pedagogo, educador, poeta, cronista, contador de histórias, ensaísta, teólogo, acadêmico, escritor e psicanalista brasileiro. Querido e celebrado por seus escritos, nos deixou um imenso legado literário.

PARA SABER MAIS:

**CONHEÇA OUTROS
TÍTULOS DO AUTOR**

Rubem Alves

A GRANDE ARTE DE SER FELIZ

PAIDÓS

Rubem Alves

AO PROFESSOR, COM CARINHO

A arte do pensar e do afeto

PAIDÓS

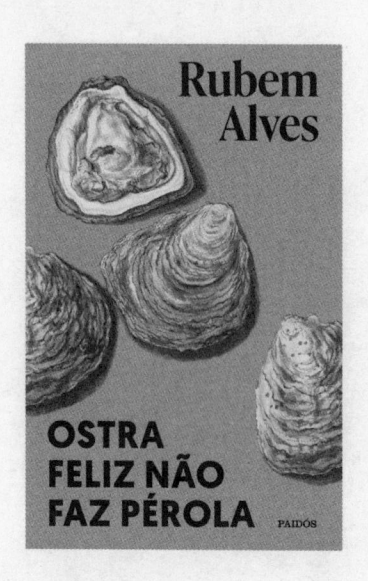

Rubem Alves

OSTRA FELIZ NÃO FAZ PÉROLA

PAIDÓS